逛一逛古典时代

我的第一套

王大庆◎编著
[意] 里卡多·罗西◎绘

人类简史（精选版）

明天出版社·济南

图书在版编目（CIP）数据

逛一逛古典时代 / 王大庆编著；（意）里卡多·罗
西绘 . 一 济南：明天出版社，2022.3
（我的第一套人类简史：精选版）
ISBN 978-7-5708-1300-1

Ⅰ.①逛… Ⅱ.①王… ②里… Ⅲ.①世界史－
古代史－儿童读物 Ⅳ.① K12-49

中国版本图书馆 CIP 数据核字 (2021) 第 231758 号

WO DE DI-YI TAO RENLEI JIANSHI JINGXUAN BAN

我的第一套人类简史（精选版）

GUANG YI GUANG GUDIAN SHIDAI

逛一逛古典时代

王大庆 / 编著　　［意］里卡多·罗西 / 绘

出版人 / 傅大伟

选题策划 / 冷寒风

责任编辑 / 刘义杰　何　鑫

特约编辑 / 胡婷婷

项目统筹 / 李春蕾

版式统筹 / 吴金周

封面设计 / 何　琳

出版发行 / 山东出版传媒股份有限公司
　　　　　　明天出版社

地址 / 山东省济南市市中区万寿路19号

http://www.sdpress.com.cn　　http://www.tomorrowpub.com

经销 / 新华书店　　　　　**印刷** / 鸿博睿特（天津）印刷科技有限公司

版次 / 2022年3月第1版　　**印次** / 2022年3月第1次印刷

规格 / 720毫米×787毫米　12开　3印张

ISBN 978-7-5708-1300-1　　**定价** / 18.00元

罗马共和国建立起来啦

　　相传，罗慕路斯是罗马的第一个国王，他建立了罗马城，开启罗马的"王政时代"。但是在公元前6世纪末时，末王高傲者塔克文残暴不仁，于是人们把国王赶了出去，不再拥立国王。公元前509年，罗马共和国建立，共和时代来临。

　　王政时代，罗马内部阶级分化，出现贵族与平民之分。共和时代，贵族和平民矛盾日增。贵族把持政权，占有大量土地；平民没有权利，还被贵族奴役，双方进行了长达两个世纪的斗争。

我们不干了！

离开这里吧！

求求你回来吧！

　　因为生活不下去，也是为了抗争，很多平民离开了罗马。在平民的不停抗争中，贵族最终进行了妥协。

贵族　　平民

在长期的抗争中，平民获得了一些权益，比如，平民可以通过平民会议选举保民官，来捍卫自己的权益。这场斗争也促使罗马第一部成文法典——《十二铜表法》诞生。据说这部法典因刻在12块铜牌上而得名。到了公元前4世纪，平民还获得了参选执政官的权利。

保民官的职责在于维护平民的利益。

《十二铜表法》包括了民法、刑法、诉讼程序等诸多内容，还对贵族滥用权力的行为做了一些限制，不让他们随意解释法律条文。

让我们来看看其中一些规定吧。

利息不得超过一分，超过的，处高利贷者四倍于超过额的罚款。

橡树的果实落于邻地时，需要去邻地捡回来。

让自己的牲畜在他人田中吃食，应负赔偿责任；但假如他人的果实落在自己的田中而被牲畜吃掉的，则不需负责。

罗马共和国重要的机构和官员：

元老院，最初由约100名元老构成，是最高行政机构和监督机关。

执政官，通常有2人，是共和国的高级长官，相当于国家元首。

大法官，最初为2人，负责处理法律纠纷，最初握有军事指挥权。后来，军事职责由执政官接掌。

营造官，最初由2名平民担任，后来增设2名贵族营造官职位，负责粮运和公共建筑的维护、修缮，以及公共赛会和节庆。

你没有10年以上的服役经历。

为什么我不行？

财务官，最初为4人，后来，逐渐增加到20人，它是罗马人在仕途上要担任的第一个职务，需要10年以上服役经历，负责管理国库等财政和行政事务。

噢！不!

禁止平民和贵族通婚。

5

来一场马拉松吧

公元前492年，为了向欧洲扩张，波斯君主大流士一世派兵出征希腊。不过，舰队在途中遭遇了风暴，损失惨重而折回。

两年后，不甘心的波斯人又来了，他们在希腊城邦雅典东北部的马拉松登陆。这可把雅典人吓坏了，马上派出跑得快的菲迪皮茨向希腊另一城邦斯巴达求助。

我们没空！

但是斯巴达人正在过宗教节日呢，所以他们拒绝援助雅典。

后来，雅典人在统师米太亚得的指挥下打败了波斯人。

为了向雅典人民报告这个好消息，菲迪皮茨又一次担任信使，奔跑约40千米从马拉松回到雅典，说完"我们胜利了"就倒下了。

我们胜利了！

为了纪念他，人们在多年之后设立了马拉松赛跑的运动项目。

公元前480年，波斯国王薛西斯一世率军出征希腊。希腊各城邦都很害怕，于是组成军事同盟，并让善战的斯巴达人担任军队统帅。在斯巴达国王列奥尼达的带领下，希腊军队在温泉关抵抗波斯军队。

上吧，我的勇士们。

看到多于自身数倍的敌人，列奥尼达及300名斯巴达士兵并不害怕。他们浴血奋战，但寡不敌众，斯巴达士兵最终全部牺牲，温泉关失守。

但是在接下来的萨拉米斯海战中，希腊人却以少胜多击败了波斯海军。此后，波斯帝国逐渐走向衰落。

我能等会儿再吃吗？

这真的很难吃。

历史知多少

据说勇猛的斯巴达人不追求物质享受，他们的食物"黑汤"（用煮熟的猪肉、猪血、盐和醋制作）真是太难吃了。

雅典和斯巴达的争吵

这座城建得不错。

再建高点!

在伯里克利的领导下,雅典迎来了"黄金时代"。雅典城被建设得越来越好,还新增了一座美丽的神庙——帕提农神庙。

为了争夺霸权,雅典和斯巴达发动了战争。公元前431年,以斯巴达为主的伯罗奔尼撒同盟与雅典之间,开始了近30年的伯罗奔尼撒战争。希腊诸多城邦都被卷入到这场战争中。

都打了快30年了!

战争刚开始没多久，雅典城内就发生了瘟疫，大量市民死亡，领袖伯里克利也因此丧命。

天哪！

公元前415年，将军阿尔基比阿德斯鼓动雅典军远征西西里岛，并获得了公民大会的许可。但是他却在途中转而投奔了斯巴达。公元前413年，雅典在远征中全军覆没，并渐渐丧失海上优势。

举起手来！

我们投降！

西西里战争之后，斯巴达乘胜追击，发动了德凯利亚战争，进一步消耗了雅典的力量。公元前404年，雅典投降，从此由盛转衰。

当希腊动乱不安时，小国马其顿正在悄悄崛起。

历史知多少

相传，达摩克利斯是希腊城邦叙拉古的大臣，他很艳羡君主的生活。一天，君主狄奥尼修斯请他参加宴会，并让他坐在自己的王座上。宴会正酣之际，达摩克利斯突然看见自己头上悬挂着一把利剑，吓得魂不附体。原来这把剑是狄奥尼修斯所挂，目的是让达摩克利斯了解帝王也有忧患。后来"达摩克利斯之剑"就成了"大祸临头"的同义语。

该我上场了！

9

想征服全世界的男人

相传，亚历山大12岁时就能驯服烈马布塞菲勒斯。20岁时，他的父亲腓力二世在远征波斯前被人谋杀，于是亚历山大成了马其顿的国王。

传说谁能解开戈尔迪之结，谁就可以统治整个亚洲。但这个结既看不出绳头，也看不出绳尾，要怎么解呢？亚历山大看了一会儿后，突然拔出剑把绳结劈成两半。戈尔迪之结就这样被轻易地解开了。

在腓力二世的统治下，马其顿王国就已征服动乱中的希腊诸城邦并将其纳入自己的版图。而新任国王亚历山大的梦想则是征服世界。他即位后相继占领埃及、进占巴比伦、灭亡波斯帝国、远征印度，建立起一个地跨欧、亚、非三洲的庞大帝国。

亚历山大在各地兴建以自己名字命名的城市。埃及最大的海港和第二大城——亚历山大城就是这样来的。

历史知多少

约公元前3世纪，人们在亚历山大城的法罗斯岛上修建了世界七大奇观之一的法罗斯灯塔。它屹立了约17个世纪，后因地震没入海中。

著名的亚历山大图书馆位于亚历山大城中，是当时世界上主要的文化中心之一。

传说，冰淇淋是亚历山大发明的。亚历山大东征时，曾命人保存高山上的冰雪，以冷冻水果或果汁。

冰淇淋真的很好吃，对吧？

由于疫病流行、士兵极度厌战，亚历山大只好班师回国。公元前323年，年仅33岁的亚历山大突然病逝。马其顿的辉煌如昙花一现，他的将领们迅速瓜分了这个庞大的帝国。

亚历山大死后，他的部下托勒密占领埃及，于公元前305年建立起托勒密王朝。

印度的故事

亚历山大的入侵，给印度的旃（zhān）陀罗笈（jí）多带来了机会。他乘机推翻难陀王朝，创建了孔雀王朝。赶走马其顿在印度的驻军后，他统一了北印度。

阿育王是孔雀王朝的第三任国王。征服羯（jié）陵伽时，他感受到了战争的悲惨，战后便皈依了佛教。

要养我吗？

历史知多少

孔雀王朝得名于旃陀罗笈多的母名。不过也有人推测他出身于饲养孔雀的家族，孔雀王朝便由此命名。

印度国徽的图案就来源于我！

阿育王大力弘扬佛教，派人去周邻诸国传播佛教，并下令修建了很多佛教建筑。

阿育王石柱

阿育王在位期间，统一了印度大部分地区，使孔雀王朝的国势达到鼎盛。孔雀王朝成为印度史上首个统一的大帝国。他去世后，帝国逐渐分裂，孔雀王朝走向衰败。

玄奘法师

历史知多少

印度人没有记录历史的习惯，好在中国的玄奘等人在游历印度时记载了许多印度的历史，这让我们可以知道更多的印度历史。

原来阿育王是这样的国王啊！

几百年后，笈多家族的旃陀罗·笈多一世在印度创立了繁盛的笈多王朝，开启了中世纪印度的黄金时代。

梵天是三大主神之一，为创造之神。

毗湿奴是保护神，有鱼、龟、罗摩、佛陀等化身。

笈多王朝时期，印度教兴起。它融合了各种各样的崇拜和信仰，所含神灵众多。让我们来认识其中的一些神灵吧！

湿婆是三大主神之一，为毁灭之神、苦行之神和舞蹈之神，终年在喜马拉雅山上冥想。

神迦尼是湿婆和雪山神女的长子，常被描写为人身象面的形象。据说，神迦尼喜吃甜食。

猴神哈奴曼是风神的孩子，力大无穷。

相传，天神和阿修罗为取得长生不老的甘露，一起搅拌乳海。乳海中先后浮出月亮、吉祥天女、宝石等10种宝物，最终出现了不死甘露。

印度甜点拉杜球

13

思想大爆炸

中国在春秋战国时期，诞生了老子、孔子和墨子等思想家。他们分别创立道家、儒家和墨家学派。其中，道家是中国哲学的鼻祖。这段时期，其他国家的思想文化也得到了迅速发展，其中古希腊出现了许多重要的哲学家。他们不仅提出了很多哲学思想，还解释了很多科学现象。

哲学家芝诺提出过一个有趣的悖（bèi）论：擅长奔跑的阿基里斯和乌龟赛跑，他在乌龟跑出一段距离后再出发。之后，每当他追到乌龟原来的位置时，乌龟总是又前进了一些。所以，芝诺认为尽管阿基里斯越追越近，但他永远也追不上乌龟。

你知道吗？原子的质量非常小，一滴水里就有数不清的原子呢！

哲学家德谟克利特认为，万物由许多不可分割的微小物质粒子组成，这种粒子称为原子。原子的英文单词"atom"就源自希腊语，意思是"不可分割的"。

嘿！年轻人，等等我，你知道……

美德即知识。

相传，哲学家苏格拉底曾是一名石匠。他开始研究哲学后就常常在街头和青年们讨论哲学、伦理等问题。他被认为是当时最有智慧的人。

后来，苏格拉底遭到控告，以败坏青年等罪名被判处死刑。苏格拉底死后，他的弟子柏拉图继承和发展了他"美德即知识"等学说。

死罪！

你懂几何学吗？不懂请勿入内。

柏拉图创建了一个庞大的哲学体系，推动古希腊哲学发展到了一个新的高峰。他还创办了阿卡德米亚学园。学园对学生进行数学、天文学等方面的教育，为古希腊培养了许多人才。据说，柏拉图强调不懂几何的人禁止进入学园，而进入学园的人则必须学好几何。

在柏拉图的著作《理想国》里，有一个引人深思的故事：

有一群人从小被锁在不见天日的洞穴里，囚禁他们的人每天制造出各种各样的影子和声音，让他们以为这就是真实的世界。一天，一个人被释放到洞穴外，看到了真实世界的样子。他把自己的见闻告诉其他人，那些人却认为影子才是真的，还笑话他眼睛坏了。

哲学家与剧作家

> 吾爱吾师，但吾更爱真理。

哲学家亚里士多德是柏拉图的学生，他和柏拉图、苏格拉底被合称为"古希腊三贤"。

亚里士多德博闻强识，被誉为百科全书式的学者。他的研究涉及哲学、物理学、生物学、历史学、修辞学等诸多领域。他还在雅典创办了自己的学校——吕克昂学园。

亚里士多德首次科学地论证出地球是球形的。他还认为地球是宇宙的中心，行星和恒星都绕地球转动。几百年后的天文学家托勒玫也如此认为。

亚里士多德创立了三段论的演绎推理形式。三段论由大前提、小前提和结论三部分组成。

> 所有的人都是要死的，
> （大前提）
> 苏格拉底是人，
> （小前提）
> 所以，他也是要死的。
> （结论）

> 鲸不是鱼哟！

历史知多少

16世纪，哥白尼否定了地心说，系统地提出了日心说，认为地球应当是绕着太阳转的。

亚里士多德把鲸与鱼类分开，而不是归为一类。

> 嘿！我才是老大！明明是你围着我转的！

> 我也是这么想的！

托勒玫

亚里士多德是首个系统掌握生物学知识的人。他在生物学方面有许多开创性的工作和著述，被公认为是生物学的创始人。他在著作中描述了500多种动物，并对其中50种做了解剖研究。

在马其顿国王腓力二世的邀请下，亚里士多德担任亚历山大的老师。据说，亚历山大常在远征途中派人给老师送去各种动植物标本。

聪明人应像它一样不动心。

这时的希腊还诞生了很多哲学学派：伊壁鸠鲁学派、怀疑学派、斯多亚学派和犬儒学派等。

快乐最重要！

伊壁鸠鲁是快乐论的提出者之一，主张人生的目的是寻求快乐和幸福。

怀疑学派的创始人是皮浪。据说，有一天他乘船出海，遇到了风暴，同船的人都很惊慌，皮浪却指着正在吃食的小猪说，那才是聪明人应当具有的状态。

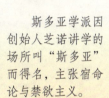

斯多亚学派因创始人芝诺讲学的场所叫"斯多亚"而得名，主张宿命论与禁欲主义。

没错，用手就可以了。要碗干什么？

犬儒学派的主要代表人物是第欧根尼。相传有一天，第欧根尼见有人在河边用手捧水喝，便觉得碗很多余，就将它扔掉了。

走开！

据说第欧根尼住在木桶里。亚历山大探望他时问他想要什么，他回答说："我想要你闪到旁边去，不要挡住我的太阳。"

希腊这时期诞生了三大悲剧作家——埃斯库罗斯、索福克勒斯和欧里庇得斯，还有"喜剧之父"——阿里斯托芬。

再来一场！

演得好！

古希腊戏剧分为悲剧、喜剧、羊人剧和拟剧，其发端于祭祀大典上的歌舞表演。

罗马的领土又扩大了一点。

每天扩大一点点

　　为了夺取地中海西部的统治权，罗马和迦太基发生了3次战争。公元前264年，第一次布匿战争开始了。虽然迦太基人擅长航海，并拥有庞大的舰队，但还是被罗马人打败了。

　　在第二次布匿战争中，迦太基的天才将领汉尼拔翻越阿尔卑斯山，远征意大利，让罗马尝到多次惨败的滋味。

　　但是聪明的罗马名将大西庇阿在公元前204年趁汉尼拔远征意大利时，突然直捣迦太基本土，汉尼拔只得紧急回国。

　　公元前201年，迦太基丧失了军事权和外交自主权，罗马成了地中海西部的霸主。

耶！

　　在第三次布匿战争中，罗马军以强大兵力攻入迦太基城，最终迦太基沦落成罗马的一个行省。此后，罗马陆续建了十几个行省，很快就发展成一个横跨欧、亚、非的大国。

众多迦太基人在战败后被迫成为奴隶。

阿芙洛狄忒　雅典娜　密涅瓦　丘比特　维纳斯
厄洛斯　宙斯　朱庇特

罗马用武力征服了希腊，但在文化上却以希腊为师，从希腊那里继承了许多东西，包括艺术、文学和哲学等。罗马人还把希腊众神与罗马众神融合，他们把朱庇特对应希腊神话中的宙斯，把维纳斯对应希腊神话中的阿芙洛狄忒……

爱奥尼尼柱式　科林斯柱式　混合式柱式

罗马人还学习希腊的建筑，继承和发展了希腊柱式。他们完善了科林斯柱式，并把它与爱奥尼柱式相融合，创造出更加华丽的混合式柱式。

这一时期，中国的秦始皇统一了六国，还把各国长城连接起来。

马上要轮到我出场了。

快踏上旅途吧

公元前3世纪，数学家欧几里得和阿基米德踏上了前往埃及亚历山大城的旅途。

在几何里，没有专为国王铺设的大道。

有学习几何的捷径吗？

欧几里得总结前人的几何学成果，写成《几何原本》。《几何原本》对数学的发展有着深远的影响。

在托勒密一世的邀请下，欧几里得前往亚历山大城工作。

给我一个支点，我就能撬动整个地球。

阿基米德11岁时就前往亚历山大城求学，与老师探讨天文学、数学和力学等方面的问题，三十多年后才回到叙拉古，担任国王的顾问。

葡萄、黄瓜、石榴、芝麻、核桃等开始传入中原。

相传，叙拉古国王怀疑金王冠中掺了银，让阿基米德鉴定。一天，阿基米德跨进澡盆时看见水面上升了，想到能通过计算王冠和同重量的金子所排出的水量，来解开国王的疑惑。他由此发现了物体在水中所受的浮力与物体重量间的关系，人们后来把这一原理称作阿基米德原理。

造纸术随着丝绸之路从中国传到了西方。东汉时，蔡伦改良造纸术，用低成本的造纸材料取代高成本的材料，这让普通的人家也能用得起纸。后来，造纸术经阿拉伯地区传入欧洲。

尤里卡！

历史知多少

相传，阿基米德发现阿基米德原理时大喊"尤里卡！"（意为"找到了"），后来人们把灵光一闪获得重大发现的时刻叫作"尤里卡时刻"。

公元前212年，罗马入侵叙拉古，罗马士兵杀死了正在研究科学问题的阿基米德。

制纸的过程

1 切麻

2 洗涤

3 浸石灰水

4 蒸煮

公元前2世纪，中国的张骞也开始踏上旅途。他被汉武帝两次派遣出使西域，开辟了丝绸之路。之后，丝绸之路的范围被慢慢扩大，涉及亚洲、欧洲和非洲。

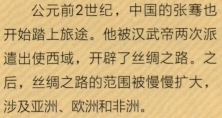

西域的乐舞也通过丝绸之路传入中原。

这条路上最珍贵、最有影响力的商品就是我！

中国的丝绸、瓷器和茶叶等沿着丝绸之路向西传播。

昂贵的羊皮纸和不易保存的莎（suō）草纸慢慢被便宜的纸取代。纸的生产不断加速，使世界文化传播的速度也变快了。

我来，我见，我征服

公元前1世纪，罗马社会处于动荡的转折期，政治家庞培、克拉苏与恺撒秘密结盟，共同掌控罗马，史称"前三头政治"。第二年，在庞培和克拉苏的支持下，恺撒开始担任执政官。

据说，为了巩固和庞培的关系，恺撒还把女儿嫁给庞培。

恺撒有着极高的军事才能，他先后征服高卢、入侵日耳曼和不列颠，势力日益增长。这让元老院和庞培感到害怕，于是他们开始联手对付恺撒。但是恺撒却最终战胜了庞培。

庞培在战场上败给恺撒后，慌忙逃去埃及，恺撒率军追赶。但令庞培没想到的是，埃及人却杀死了他。

真美呀!

她也成功地迷住恺撒的部将安东尼,并和他结婚。

埃及此时由托勒密十三世和他的姐姐——克娄巴特拉七世共同执政。据说为了迷住恺撒,克娄巴特拉七世命人把自己裹在毯子里送去见他。后来在恺撒的扶持下,她成了埃及唯一的女王。

相传,恺撒在进攻小亚细亚时,在给元老院的捷报上写下了名言"我来,我见,我征服"。回国后,恺撒举办了盛大的凯旋仪式,成了罗马的终身独裁官。"恺撒"也成了罗马及欧洲帝王习用的头衔。

大权在握的恺撒进行了一系列改革。尽管他对政敌采取宽容的态度,但他的独裁统治还是让许多元老、贵族不满,最终在公元前44年被刺死在元老院。

恺撒死后,他的部将安东尼、李必达和养子屋大维结成"后三头政治"。后来,屋大维和安东尼又踢开李必达,分别管理罗马西部和东部。

公元前31年,屋大维在海战中击败了安东尼和克娄巴特拉七世。最后,安东尼与克娄巴特拉七世自杀身亡,托勒密王朝灭亡,埃及成了罗马的行省。

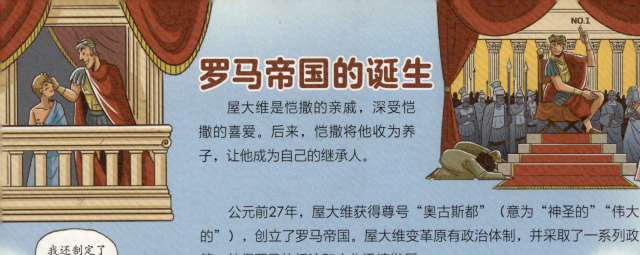

罗马帝国的诞生

屋大维是恺撒的亲戚，深受恺撒的喜爱。后来，恺撒将他收为养子，让他成为自己的继承人。

公元前27年，屋大维获得尊号"奥古斯都"（意为"神圣的""伟大的"），创立了罗马帝国。屋大维变革原有政治体制，并采取了一系列政策，使得罗马的经济和文化迅速发展。

我还制定了儒略历。

相传，为了纪念恺撒，人们以他的名字"Julius"命名了7月（July）。

除了屋大维，你还可以叫我奥古斯都哟！

屋大维的尊号"Augustus"也被用来命名了一个月份——8月（August）。

在很久很久以前……

据说，屋大维夜里醒来睡不着时，会让人给他念书或者讲故事。

屋大维大力进行城市建设，修建神庙、公路、水道等。随着罗马帝国的版图不断扩大，罗马的道路也越来越发达。逐渐完善的道路系统方便了商人出入，罗马的经济也因此变得越来越好。

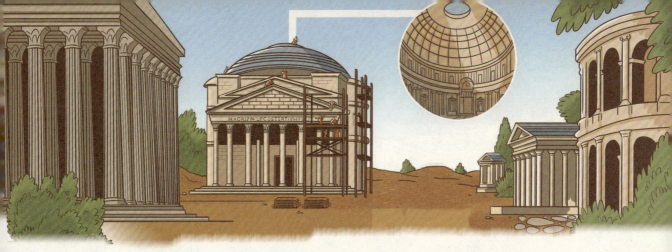

屋大维的女婿阿格里帕主持修建了用来供奉众神的万神庙。不过，它后来毁于一场大火，多年后才得以重建。万神庙体现了古典建筑和谐、庄严的特征，是古代罗马建筑的代表作之一。

尼罗河使埃及拥有肥沃的土壤和充足的粮食。这可让罗马人羡慕得不行，因为他们种的粮食总是不够吃。公元前1世纪，埃及沦为罗马的行省，也成了罗马帝国的"粮仓"之一。

你的诗写得真好。

屋大维十分喜爱诗歌，尤其欣赏诗人维吉尔和贺拉斯的作品。屋大维统治时期是古代罗马文学发展的黄金时期。

维吉尔

贺拉斯

奥维德

小小的蚊虫啊……

大诗人维吉尔还为蚊虫写过诗呢！

维吉尔、贺拉斯和奥维德都是这一时期的著名诗人。

历史知多少

此时，在遥远的伯利恒，木匠约瑟的妻子马利亚在马槽里生下了一个小男孩——耶稣。相传，耶稣长大后在各地传教，并创立了基督教。

人们将传说中耶稣降生的那年定为公历元年。

古罗马人的一天

那时候的罗马人是怎样生活的？让我们来看看吧！

灶神维斯塔的女祭司要守护象征着城邦安定的长明之火。

富人们躺在床上歇息。

女主人在奴隶的服侍下梳妆打扮。

奴隶们正在厨房里工作。

一家人正要对着供奉神像的神龛（kān）进行祷告。

儿童正在玩麻布娃娃等玩具。

诗人正在街头朗诵他的新作。

公共浴场里，人们正在洗澡。这里可以为大家提供热水、温水和冷水服务。

据说古罗马人会用刮身板刮净皮肤。

那时的罗马有许多节日。在公共节日期间，人们会举行祭祀仪式或游行、赛会等活动。

1世纪，罗马竞技场建成了！它原名为弗拉维安圆形剧场，是罗马最早、最精美的圆形剧场，可容纳近5万名观众。赛马、歌舞表演、角斗和斗兽在这里不断上演。

商人正在做生意。

没想到这里还会上演海战。

这看上去可真精彩啊！

当时的罗马水道十分发达。上演海战表演时，竞技场内会被灌进大量的水。角斗士们驾着小船模拟海战。由此，观众就可以看到场面颇为壮观的水上格斗表演了！

古罗马人习惯在傍晚时吃正餐。那是他们一天中最丰盛的一餐。

奴隶被当作财产，可以被主人随意对待。

历史知多少

罗马共和国在末期发生过几次大规模的奴隶起义，其中斯巴达克起义最为著名。但到了罗马帝国时期，奴隶起义却很少发生。

罗马帝王传

屋大维死后，罗马帝国依次上演了其他帝王的故事。

提比留是帝国的第二位皇帝，他在位期间国库充盈，社会安定。相传，当有人建议他征收重税时，他写信回道："一个好的牧人只剪羊毛而不剥羊皮。"但是后来，提比留展现出其冷酷的一面，引起广泛不满。

第三位皇帝被人们称作"卡里古拉"。据说他有时会突然关闭粮仓，让人民挨饿。他在位没几年就被人刺死了。

快关上粮仓！

因为他从小在军营长大，喜欢穿士兵的军靴，所以得到了"卡里古拉"（意为"小靴子"）这一绰号。

卡里古拉死后，他的叔父喀劳狄被拥立为新皇帝。他很重视城市设施建设和食物供应。

天哪！我要被饿死啦！

一定要吃好。

您将成为我们的新皇帝。

不杀我吗？

啊！我的食物！

相传，喀劳狄特别贪吃。有一次，他突然闻到食物的香味，于是直接跑去别人的餐桌旁不客气地吃了起来。

公元43年，罗马战胜不列颠，喀劳狄亲赴受降。

据说，喀劳狄最爱吃蘑菇。他的妻子为了让其儿子尼禄即位，用蘑菇毒死了他。

尼禄即位后，挥金如土。他为人暴虐，常滥杀无辜。

我也想吃。

公元64年，罗马城突发大火。有人猜测，这是尼禄所为。

据说，尼禄曾效仿亚历山大，让人从高山上采集冰雪，然后加入蜂蜜和果汁制作冰淇淋。

他还谋杀了自己的母亲、妻子和老师。后来，由于人们实在受够了这位暴君，元老议会便宣布他为人民公敌。尼禄于公元68年自杀身亡。

尼禄死后，许多行省总督拥兵自立，争夺帝位。此时的罗马内战不断。

公元69年，韦斯巴芗（xiāng）被军队拥立为帝。他采取多项措施，迅速恢复了罗马帝国的秩序。第二年，他还命儿子狄度攻占耶路撒冷。他在位期间，征服了许多地区，为罗马帝国开拓了疆域。

相传，狄度在镇压犹太人起义时，下令将俘虏投入死海。但俘虏不但没沉下去，反而浮了起来。狄度再次下令，但结果还是一样。狄度以为这是因为俘虏受到神灵的保佑，便将他们全部释放了。

一点事儿都没有呢！

29

大危机来临

公元79年，维苏威火山爆发，摧毁了周边的几座城市，其中就包括繁荣的庞贝城。可怕的天灾令此时已成为皇帝的狄度十分痛心。他拿出自己的财产来救灾，并颁布敕令安抚人民。

毒气和火山灰使人窒息，炽热的火山碎屑流湮没了整座城市。

浓密的火山灰云遮挡住阳光。

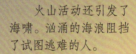

火山活动还引发了海啸。汹涌的海浪阻挡了试图逃难的人。

历史知多少

相传，古罗马人认为火山是火神伏尔甘的烟囱。伏尔甘生气时，会把滚烫的石头和火焰从火山口喷射出去。

公元2世纪是罗马帝国最强盛的时期。此时的罗马帝国迎来了"五明君"——涅尔瓦、图拉真、哈德良、安东尼、马可·奥勒留。他们的治理都十分出色。但是到了2世纪末，帝国逐渐陷入危机。

图拉真纪功柱

图拉真减免赋税，广修道路和港口，并多次远征，使帝国疆域达到最大。他为庆祝攻占达西亚而建的纪功柱如今仍矗立在罗马城内。

哈德良修建了著名的哈德良长墙，以此来抵御外族的入侵。

远征的军队将瘟疫带回了罗马，这造成了几百万人的死亡。

马可·奥勒留的执政生涯大多在军旅中度过。他一直努力维持罗马帝国的繁荣强盛，但帝国的情况还是在日益恶化。

价高者得。

我买了！

动荡的罗马帝国甚至出现了叛乱的近卫军杀掉皇帝，并售卖皇位的事情。

马可·奥勒留留下了著名的哲学著作——《沉思录》。

3世纪，由于海盗肆虐、瘟疫不断、经济衰退，再加上内乱和波斯人的入侵，罗马帝国面临着巨大的危机，逐渐四分五裂。

罗马分东西

就在罗马最危难的时刻，戴克里先改变了局势。他于公元284年被拥立为皇帝，改元首制为君主制。

为了强化统治，戴克里先创立"四帝共治制"。他把罗马分为东、西两部分，每个部分都由正、副两位统治者来掌管。正帝称为"奥古斯都"，副帝称为"恺撒"。

除此之外，戴克里先还推行新的税收制度，详细规定了主要商品的定价和劳动工资。这一系列的改革使罗马获得短暂的稳定。

我赢了！

戴克里先退位后，"四帝共治制"迅速崩溃。帝国再次陷入帝位觊觎者的争抢之中。经过激烈的争斗，君士坦丁脱颖而出。

公元312年，君士坦丁打败马克森提，统一了罗马帝国的西部。第二年，他和李锡尼合力征服罗马帝国的东部。公元324年，君士坦丁打败李锡尼，成了帝国唯一的统治者。6年后，他迁都于拜占庭，并将其改名为君士坦丁堡。

著名的君士坦丁凯旋门是为了纪念君士坦丁战胜马克森提而修建的。

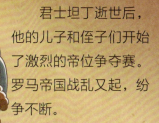

君士坦丁逝世后，他的儿子和侄子们开始了激烈的帝位争夺赛。罗马帝国战乱又起，纷争不断。

经过多次战争，狄奥多西一世终于使帝国重获统一。他下令拆除许多非基督教设施，并废止古代奥运会。公元393年举办的古代奥运会也是最后一届古代奥运会。

狄奥多西一世最后把帝国留给了他的两个儿子，这导致罗马帝国正式分裂。东部归长子阿卡丢统治，为东罗马帝国；西部归次子霍诺留统治，为西罗马帝国。自此，罗马帝国再未统一。

你去哪儿？！

拉韦纳！

由于西哥特人的不断入侵，霍诺留在公元404年迁都于拉韦纳。

救命啊！
快跑啊！

公元410年，西哥特人攻陷了千年古都罗马城。之后的几十年，汪达尔人等外族也开始入侵西罗马帝国，致使罗马城被多次洗劫。

以后再也没有西罗马帝国了。

公元476年，西罗马帝国皇帝罗慕路斯被日耳曼雇佣兵首领奥多亚塞废黜。西罗马帝国灭亡。

而东罗马帝国却存在千年，于公元1453年灭亡。

美洲的玉米人

与古希腊、古罗马的文明相比，美洲的古文明也毫不逊色。

玛雅人认为人是由玉米团和蛇血制成的。因此他们也被称作"玉米人"。玛雅人在数学、天文学和农业等方面有着卓越的成就，创造了中美洲古代印第安文明的代表——玛雅文明。

玉米神　　　太阳神　　　月亮神

历史知多少

玛雅人信奉的神祇众多。玉米神就是其中之一。相传，玉米神是从海龟壳的裂缝中复活的。

玛雅没有建立一个统一的国家，而是分为许多大大小小的城邦。3世纪，较大规模的城市开始出现。玛雅人用石头和泥土等材料建造城市，使用的工具大多为石器和木器。

玉米和豆类是玛雅人的主要作物。

玉米肉粽

可可豆是玛雅人的货币。

玛雅人以玉米为主食，喜欢吃玉米面做的薄饼和肉粽。他们还喜欢吃虫子，以此来补充蛋白质。

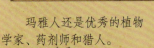

玛雅人还是优秀的植物学家、药剂师和猎人。

玛雅人的建筑水平高超，他们用石头建造了许多建筑物。

救命啊！

相传，玛雅人会用血液来供养神明。因为他们相信，放血仪式能够让他们与神明和祖先进行交流。他们不仅会放自己的血，也会抓捕战俘来放血。

玛雅人的天文历法十分发达。他们通过观察和测算，发明了太阳历和圣年历两种历法。

与古埃及当作陵墓的金字塔不同，玛雅人建造的金字塔是典型的宗教建筑。

与我们使用的十进制系统不同，玛雅人使用二十进制系统来计数。这是因为他们在计数时，除了手指外，还算上了脚趾。他们还发明了数字"0"的概念，这比欧洲人早了800多年。

16世纪，玛雅文明被西班牙殖民者摧毁，从此湮没于热带丛林之中。

世界大事年表

公元前5世纪

(外) 罗马共和国颁布了古罗马第一部成文法典《十二铜表法》；古希腊伯罗奔尼撒战争爆发，最终斯巴达战胜了雅典。

(中) 战国时代开始，各国战乱不断，并在思想上形成了百家争鸣的局面。

公元前4～公元前3世纪

(外) 古代马其顿国王亚历山大建立横跨欧、亚、非三洲的庞大帝国；罗马共和国和北非强国迦太基爆发布匿战争。

(中) 秦王政统一六国，建立秦朝，自称"始皇帝"。

公元2～3世纪

(外) 戴克里先取得罗马帝国政权，改元首制为君主制，并实行"四帝共治制"。

(中) 赤壁之战爆发。孙权、刘备联军，于赤壁击败曹操。曹、孙、刘三方鼎峙的局面形成。

着火了，快跑呀！

公元前2～公元前1世纪

(外) 恺撒颁布儒略历；屋大维创建元首制，古罗马进入帝国时代。

(中) 汉武帝派遣张骞出使西域，开辟了丝绸之路。

公元4世纪

(外) 罗马帝国正式分裂。

(中) 东晋时期，8万晋军于淝水击败前秦87万大军，史称"淝水之战"。

公元5世纪

(外) 西罗马帝国灭亡。

北方

(中) 南北对峙局面开始形成，史称"南北朝"。南朝经历宋、齐、梁、陈四代，北朝则经历了北魏、东魏、西魏、北齐、北周五个王朝。

南方

注：公元前5世纪为公元前499～公元前400年，公元前其他世纪照此类推。公元2世纪为公元100～199年，其他世纪照此类推。